Theo von Taane

PASSWORT LOGBUCH

- Das Passwortbuch -

Dieses Buch gehört	
Name, Vorname:	
Strasse / Nr.:	AF138826
Plz / Ort:	
Tele / Handy:	
eMail.:	
Bemerkung.:	

Bibliografische Information der Deutschen Nationalbibliothek:
Die Deutsche Nationalbibliothek verzeichnet diese Publikation in der Deutschen Nationalbibliografie; detaillierte bibliografische Daten sind im Internet über http://dnb.dnb.de abrufbar.

© 2015 Theo von Taane; 1. Auflage

*Texte und Illustrationen: **Theo von Taane***

Herstellung und Verlag: BoD – Books on Demand, Norderstedt

ISBN: 9783738655209

TITEL:
INTERNETSEITE:
LOGIN / BENUTZER:
PASSWORT /PIN:
NOTIZEN / SICHERHEITSFRAGE / HINWEIS:

TITEL:
INTERNETSEITE:
LOGIN / BENUTZER:
PASSWORT /PIN:
NOTIZEN / SICHERHEITSFRAGE / HINWEIS:

TITEL:
INTERNETSEITE:
LOGIN / BENUTZER:
PASSWORT /PIN:
NOTIZEN / SICHERHEITSFRAGE / HINWEIS:

TITEL:

INTERNETSEITE:

LOGIN / BENUTZER:

PASSWORT /PIN:

NOTIZEN / SICHERHEITSFRAGE / HINWEIS:

TITEL:

INTERNETSEITE:

LOGIN / BENUTZER:

PASSWORT /PIN:

NOTIZEN / SICHERHEITSFRAGE / HINWEIS:

TITEL:

INTERNETSEITE:

LOGIN / BENUTZER:

PASSWORT /PIN:

NOTIZEN / SICHERHEITSFRAGE / HINWEIS:

TITEL:
INTERNETSEITE:
LOGIN / BENUTZER:
PASSWORT /PIN:
NOTIZEN / SICHERHEITSFRAGE / HINWEIS:

TITEL:
INTERNETSEITE:
LOGIN / BENUTZER:
PASSWORT /PIN:
NOTIZEN / SICHERHEITSFRAGE / HINWEIS:

TITEL:
INTERNETSEITE:
LOGIN / BENUTZER:
PASSWORT /PIN:
NOTIZEN / SICHERHEITSFRAGE / HINWEIS:

TITEL:
INTERNETSEITE:
LOGIN / BENUTZER:
PASSWORT /PIN:
NOTIZEN / SICHERHEITSFRAGE / HINWEIS:

TITEL:
INTERNETSEITE:
LOGIN / BENUTZER:
PASSWORT /PIN:
NOTIZEN / SICHERHEITSFRAGE / HINWEIS:

TITEL:
INTERNETSEITE:
LOGIN / BENUTZER:
PASSWORT /PIN:
NOTIZEN / SICHERHEITSFRAGE / HINWEIS:

TITEL:
INTERNETSEITE:
LOGIN / BENUTZER:
PASSWORT /PIN:
NOTIZEN / SICHERHEITSFRAGE / HINWEIS:

TITEL:
INTERNETSEITE:
LOGIN / BENUTZER:
PASSWORT /PIN:
NOTIZEN / SICHERHEITSFRAGE / HINWEIS:

TITEL:
INTERNETSEITE:
LOGIN / BENUTZER:
PASSWORT /PIN:
NOTIZEN / SICHERHEITSFRAGE / HINWEIS:

TITEL:

INTERNETSEITE:

LOGIN / BENUTZER:

PASSWORT /PIN:

NOTIZEN / SICHERHEITSFRAGE / HINWEIS:

TITEL:

INTERNETSEITE:

LOGIN / BENUTZER:

PASSWORT /PIN:

NOTIZEN / SICHERHEITSFRAGE / HINWEIS:

TITEL:

INTERNETSEITE:

LOGIN / BENUTZER:

PASSWORT /PIN:

NOTIZEN / SICHERHEITSFRAGE / HINWEIS:

TITEL:
INTERNETSEITE:
LOGIN / BENUTZER:
PASSWORT /PIN:
NOTIZEN / SICHERHEITSFRAGE / HINWEIS:

TITEL:
INTERNETSEITE:
LOGIN / BENUTZER:
PASSWORT /PIN:
NOTIZEN / SICHERHEITSFRAGE / HINWEIS:

TITEL:
INTERNETSEITE:
LOGIN / BENUTZER:
PASSWORT /PIN:
NOTIZEN / SICHERHEITSFRAGE / HINWEIS:

TITEL:
INTERNETSEITE:
LOGIN / BENUTZER:
PASSWORT /PIN:
NOTIZEN / SICHERHEITSFRAGE / HINWEIS:

TITEL:
INTERNETSEITE:
LOGIN / BENUTZER:
PASSWORT /PIN:
NOTIZEN / SICHERHEITSFRAGE / HINWEIS:

TITEL:
INTERNETSEITE:
LOGIN / BENUTZER:
PASSWORT /PIN:
NOTIZEN / SICHERHEITSFRAGE / HINWEIS:

TITEL:

INTERNETSEITE:

LOGIN / BENUTZER:

PASSWORT /PIN:

NOTIZEN / SICHERHEITSFRAGE / HINWEIS:

TITEL:

INTERNETSEITE:

LOGIN / BENUTZER:

PASSWORT /PIN:

NOTIZEN / SICHERHEITSFRAGE / HINWEIS:

TITEL:

INTERNETSEITE:

LOGIN / BENUTZER:

PASSWORT /PIN:

NOTIZEN / SICHERHEITSFRAGE / HINWEIS:

TITEL:
INTERNETSEITE:
LOGIN / BENUTZER:
PASSWORT /PIN:
NOTIZEN / SICHERHEITSFRAGE / HINWEIS:

TITEL:
INTERNETSEITE:
LOGIN / BENUTZER:
PASSWORT /PIN:
NOTIZEN / SICHERHEITSFRAGE / HINWEIS:

TITEL:
INTERNETSEITE:
LOGIN / BENUTZER:
PASSWORT /PIN:
NOTIZEN / SICHERHEITSFRAGE / HINWEIS:

TITEL:

INTERNETSEITE:

LOGIN / BENUTZER:

PASSWORT /PIN:

NOTIZEN / SICHERHEITSFRAGE / HINWEIS:

TITEL:

INTERNETSEITE:

LOGIN / BENUTZER:

PASSWORT /PIN:

NOTIZEN / SICHERHEITSFRAGE / HINWEIS:

TITEL:

INTERNETSEITE:

LOGIN / BENUTZER:

PASSWORT /PIN:

NOTIZEN / SICHERHEITSFRAGE / HINWEIS:

TITEL:

INTERNETSEITE:

LOGIN / BENUTZER:

PASSWORT /PIN:

NOTIZEN / SICHERHEITSFRAGE / HINWEIS:

TITEL:

INTERNETSEITE:

LOGIN / BENUTZER:

PASSWORT /PIN:

NOTIZEN / SICHERHEITSFRAGE / HINWEIS:

TITEL:

INTERNETSEITE:

LOGIN / BENUTZER:

PASSWORT /PIN:

NOTIZEN / SICHERHEITSFRAGE / HINWEIS:

TITEL:

INTERNETSEITE:

LOGIN / BENUTZER:

PASSWORT /PIN:

NOTIZEN / SICHERHEITSFRAGE / HINWEIS:

TITEL:

INTERNETSEITE:

LOGIN / BENUTZER:

PASSWORT /PIN:

NOTIZEN / SICHERHEITSFRAGE / HINWEIS:

TITEL:

INTERNETSEITE:

LOGIN / BENUTZER:

PASSWORT /PIN:

NOTIZEN / SICHERHEITSFRAGE / HINWEIS:

TITEL:

INTERNETSEITE:

LOGIN / BENUTZER:

PASSWORT /PIN:

NOTIZEN / SICHERHEITSFRAGE / HINWEIS:

TITEL:

INTERNETSEITE:

LOGIN / BENUTZER:

PASSWORT /PIN:

NOTIZEN / SICHERHEITSFRAGE / HINWEIS:

TITEL:

INTERNETSEITE:

LOGIN / BENUTZER:

PASSWORT /PIN:

NOTIZEN / SICHERHEITSFRAGE / HINWEIS:

TITEL:

INTERNETSEITE:

LOGIN / BENUTZER:

PASSWORT /PIN:

NOTIZEN / SICHERHEITSFRAGE / HINWEIS:

TITEL:

INTERNETSEITE:

LOGIN / BENUTZER:

PASSWORT /PIN:

NOTIZEN / SICHERHEITSFRAGE / HINWEIS:

TITEL:

INTERNETSEITE:

LOGIN / BENUTZER:

PASSWORT /PIN:

NOTIZEN / SICHERHEITSFRAGE / HINWEIS:

TITEL:
INTERNETSEITE:
LOGIN / BENUTZER:
PASSWORT /PIN:
NOTIZEN / SICHERHEITSFRAGE / HINWEIS:

TITEL:
INTERNETSEITE:
LOGIN / BENUTZER:
PASSWORT /PIN:
NOTIZEN / SICHERHEITSFRAGE / HINWEIS:

TITEL:
INTERNETSEITE:
LOGIN / BENUTZER:
PASSWORT /PIN:
NOTIZEN / SICHERHEITSFRAGE / HINWEIS:

TITEL:

INTERNETSEITE:

LOGIN / BENUTZER:

PASSWORT /PIN:

NOTIZEN / SICHERHEITSFRAGE / HINWEIS:

TITEL:

INTERNETSEITE:

LOGIN / BENUTZER:

PASSWORT /PIN:

NOTIZEN / SICHERHEITSFRAGE / HINWEIS:

TITEL:

INTERNETSEITE:

LOGIN / BENUTZER:

PASSWORT /PIN:

NOTIZEN / SICHERHEITSFRAGE / HINWEIS:

TITEL:
INTERNETSEITE:
LOGIN / BENUTZER:
PASSWORT /PIN:
NOTIZEN / SICHERHEITSFRAGE / HINWEIS:

TITEL:
INTERNETSEITE:
LOGIN / BENUTZER:
PASSWORT /PIN:
NOTIZEN / SICHERHEITSFRAGE / HINWEIS:

TITEL:
INTERNETSEITE:
LOGIN / BENUTZER:
PASSWORT /PIN:
NOTIZEN / SICHERHEITSFRAGE / HINWEIS:

TITEL:

INTERNETSEITE:

LOGIN / BENUTZER:

PASSWORT /PIN:

NOTIZEN / SICHERHEITSFRAGE / HINWEIS:

TITEL:

INTERNETSEITE:

LOGIN / BENUTZER:

PASSWORT /PIN:

NOTIZEN / SICHERHEITSFRAGE / HINWEIS:

TITEL:

INTERNETSEITE:

LOGIN / BENUTZER:

PASSWORT /PIN:

NOTIZEN / SICHERHEITSFRAGE / HINWEIS:

TITEL:

INTERNETSEITE:

LOGIN / BENUTZER:

PASSWORT /PIN:

NOTIZEN / SICHERHEITSFRAGE / HINWEIS:

TITEL:

INTERNETSEITE:

LOGIN / BENUTZER:

PASSWORT /PIN:

NOTIZEN / SICHERHEITSFRAGE / HINWEIS:

TITEL:

INTERNETSEITE:

LOGIN / BENUTZER:

PASSWORT /PIN:

NOTIZEN / SICHERHEITSFRAGE / HINWEIS:

TITEL:
INTERNETSEITE:
LOGIN / BENUTZER:
PASSWORT /PIN:
NOTIZEN / SICHERHEITSFRAGE / HINWEIS:

TITEL:
INTERNETSEITE:
LOGIN / BENUTZER:
PASSWORT /PIN:
NOTIZEN / SICHERHEITSFRAGE / HINWEIS:

TITEL:
INTERNETSEITE:
LOGIN / BENUTZER:
PASSWORT /PIN:
NOTIZEN / SICHERHEITSFRAGE / HINWEIS:

TITEL:
INTERNETSEITE:
LOGIN / BENUTZER:
PASSWORT /PIN:
NOTIZEN / SICHERHEITSFRAGE / HINWEIS:

TITEL:
INTERNETSEITE:
LOGIN / BENUTZER:
PASSWORT /PIN:
NOTIZEN / SICHERHEITSFRAGE / HINWEIS:

TITEL:
INTERNETSEITE:
LOGIN / BENUTZER:
PASSWORT /PIN:
NOTIZEN / SICHERHEITSFRAGE / HINWEIS:

TITEL:
INTERNETSEITE:
LOGIN / BENUTZER:
PASSWORT /PIN:
NOTIZEN / SICHERHEITSFRAGE / HINWEIS:

TITEL:
INTERNETSEITE:
LOGIN / BENUTZER:
PASSWORT /PIN:
NOTIZEN / SICHERHEITSFRAGE / HINWEIS:

TITEL:
INTERNETSEITE:
LOGIN / BENUTZER:
PASSWORT /PIN:
NOTIZEN / SICHERHEITSFRAGE / HINWEIS:

TITEL:

INTERNETSEITE:

LOGIN / BENUTZER:

PASSWORT /PIN:

NOTIZEN / SICHERHEITSFRAGE / HINWEIS:

TITEL:

INTERNETSEITE:

LOGIN / BENUTZER:

PASSWORT /PIN:

NOTIZEN / SICHERHEITSFRAGE / HINWEIS:

TITEL:

INTERNETSEITE:

LOGIN / BENUTZER:

PASSWORT /PIN:

NOTIZEN / SICHERHEITSFRAGE / HINWEIS:

TITEL:
INTERNETSEITE:
LOGIN / BENUTZER:
PASSWORT /PIN:
NOTIZEN / SICHERHEITSFRAGE / HINWEIS:

TITEL:
INTERNETSEITE:
LOGIN / BENUTZER:
PASSWORT /PIN:
NOTIZEN / SICHERHEITSFRAGE / HINWEIS:

TITEL:
INTERNETSEITE:
LOGIN / BENUTZER:
PASSWORT /PIN:
NOTIZEN / SICHERHEITSFRAGE / HINWEIS:

TITEL:
INTERNETSEITE:
LOGIN / BENUTZER:
PASSWORT /PIN:
NOTIZEN / SICHERHEITSFRAGE / HINWEIS:

TITEL:
INTERNETSEITE:
LOGIN / BENUTZER:
PASSWORT /PIN:
NOTIZEN / SICHERHEITSFRAGE / HINWEIS:

TITEL:
INTERNETSEITE:
LOGIN / BENUTZER:
PASSWORT /PIN:
NOTIZEN / SICHERHEITSFRAGE / HINWEIS:

TITEL:
INTERNETSEITE:
LOGIN / BENUTZER:
PASSWORT /PIN:
NOTIZEN / SICHERHEITSFRAGE / HINWEIS:

TITEL:
INTERNETSEITE:
LOGIN / BENUTZER:
PASSWORT /PIN:
NOTIZEN / SICHERHEITSFRAGE / HINWEIS:

TITEL:
INTERNETSEITE:
LOGIN / BENUTZER:
PASSWORT /PIN:
NOTIZEN / SICHERHEITSFRAGE / HINWEIS:

TITEL:

INTERNETSEITE:

LOGIN / BENUTZER:

PASSWORT /PIN:

NOTIZEN / SICHERHEITSFRAGE / HINWEIS:

TITEL:

INTERNETSEITE:

LOGIN / BENUTZER:

PASSWORT /PIN:

NOTIZEN / SICHERHEITSFRAGE / HINWEIS:

TITEL:

INTERNETSEITE:

LOGIN / BENUTZER:

PASSWORT /PIN:

NOTIZEN / SICHERHEITSFRAGE / HINWEIS:

TITEL:
INTERNETSEITE:
LOGIN / BENUTZER:
PASSWORT /PIN:
NOTIZEN / SICHERHEITSFRAGE / HINWEIS:

TITEL:
INTERNETSEITE:
LOGIN / BENUTZER:
PASSWORT /PIN:
NOTIZEN / SICHERHEITSFRAGE / HINWEIS:

TITEL:
INTERNETSEITE:
LOGIN / BENUTZER:
PASSWORT /PIN:
NOTIZEN / SICHERHEITSFRAGE / HINWEIS:

TITEL:

INTERNETSEITE:

LOGIN / BENUTZER:

PASSWORT /PIN:

NOTIZEN / SICHERHEITSFRAGE / HINWEIS:

TITEL:

INTERNETSEITE:

LOGIN / BENUTZER:

PASSWORT /PIN:

NOTIZEN / SICHERHEITSFRAGE / HINWEIS:

TITEL:

INTERNETSEITE:

LOGIN / BENUTZER:

PASSWORT /PIN:

NOTIZEN / SICHERHEITSFRAGE / HINWEIS:

TITEL:
INTERNETSEITE:
LOGIN / BENUTZER:
PASSWORT /PIN:
NOTIZEN / SICHERHEITSFRAGE / HINWEIS:

TITEL:
INTERNETSEITE:
LOGIN / BENUTZER:
PASSWORT /PIN:
NOTIZEN / SICHERHEITSFRAGE / HINWEIS:

TITEL:
INTERNETSEITE:
LOGIN / BENUTZER:
PASSWORT /PIN:
NOTIZEN / SICHERHEITSFRAGE / HINWEIS:

TITEL:

INTERNETSEITE:

LOGIN / BENUTZER:

PASSWORT /PIN:

NOTIZEN / SICHERHEITSFRAGE / HINWEIS:

TITEL:

INTERNETSEITE:

LOGIN / BENUTZER:

PASSWORT /PIN:

NOTIZEN / SICHERHEITSFRAGE / HINWEIS:

TITEL:

INTERNETSEITE:

LOGIN / BENUTZER:

PASSWORT /PIN:

NOTIZEN / SICHERHEITSFRAGE / HINWEIS:

TITEL:
INTERNETSEITE:
LOGIN / BENUTZER:
PASSWORT /PIN:
NOTIZEN / SICHERHEITSFRAGE / HINWEIS:

TITEL:
INTERNETSEITE:
LOGIN / BENUTZER:
PASSWORT /PIN:
NOTIZEN / SICHERHEITSFRAGE / HINWEIS:

TITEL:
INTERNETSEITE:
LOGIN / BENUTZER:
PASSWORT /PIN:
NOTIZEN / SICHERHEITSFRAGE / HINWEIS:

TITEL:

INTERNETSEITE:

LOGIN / BENUTZER:

PASSWORT /PIN:

NOTIZEN / SICHERHEITSFRAGE / HINWEIS:

TITEL:

INTERNETSEITE:

LOGIN / BENUTZER:

PASSWORT /PIN:

NOTIZEN / SICHERHEITSFRAGE / HINWEIS:

TITEL:

INTERNETSEITE:

LOGIN / BENUTZER:

PASSWORT /PIN:

NOTIZEN / SICHERHEITSFRAGE / HINWEIS:

TITEL:

INTERNETSEITE:

LOGIN / BENUTZER:

PASSWORT /PIN:

NOTIZEN / SICHERHEITSFRAGE / HINWEIS:

TITEL:

INTERNETSEITE:

LOGIN / BENUTZER:

PASSWORT /PIN:

NOTIZEN / SICHERHEITSFRAGE / HINWEIS:

TITEL:

INTERNETSEITE:

LOGIN / BENUTZER:

PASSWORT /PIN:

NOTIZEN / SICHERHEITSFRAGE / HINWEIS:

TITEL:
INTERNETSEITE:
LOGIN / BENUTZER:
PASSWORT /PIN:
NOTIZEN / SICHERHEITSFRAGE / HINWEIS:

TITEL:
INTERNETSEITE:
LOGIN / BENUTZER:
PASSWORT /PIN:
NOTIZEN / SICHERHEITSFRAGE / HINWEIS:

TITEL:
INTERNETSEITE:
LOGIN / BENUTZER:
PASSWORT /PIN:
NOTIZEN / SICHERHEITSFRAGE / HINWEIS:

TITEL:
INTERNETSEITE:
LOGIN / BENUTZER:
PASSWORT /PIN:
NOTIZEN / SICHERHEITSFRAGE / HINWEIS:

TITEL:
INTERNETSEITE:
LOGIN / BENUTZER:
PASSWORT /PIN:
NOTIZEN / SICHERHEITSFRAGE / HINWEIS:

TITEL:
INTERNETSEITE:
LOGIN / BENUTZER:
PASSWORT /PIN:
NOTIZEN / SICHERHEITSFRAGE / HINWEIS:

TITEL:
INTERNETSEITE:
LOGIN / BENUTZER:
PASSWORT /PIN:
NOTIZEN / SICHERHEITSFRAGE / HINWEIS:

TITEL:
INTERNETSEITE:
LOGIN / BENUTZER:
PASSWORT /PIN:
NOTIZEN / SICHERHEITSFRAGE / HINWEIS:

TITEL:
INTERNETSEITE:
LOGIN / BENUTZER:
PASSWORT /PIN:
NOTIZEN / SICHERHEITSFRAGE / HINWEIS:

TITEL:

INTERNETSEITE:

LOGIN / BENUTZER:

PASSWORT /PIN:

NOTIZEN / SICHERHEITSFRAGE / HINWEIS:

TITEL:

INTERNETSEITE:

LOGIN / BENUTZER:

PASSWORT /PIN:

NOTIZEN / SICHERHEITSFRAGE / HINWEIS:

TITEL:

INTERNETSEITE:

LOGIN / BENUTZER:

PASSWORT /PIN:

NOTIZEN / SICHERHEITSFRAGE / HINWEIS:

TITEL:

INTERNETSEITE:

LOGIN / BENUTZER:

PASSWORT /PIN:

NOTIZEN / SICHERHEITSFRAGE / HINWEIS:

TITEL:

INTERNETSEITE:

LOGIN / BENUTZER:

PASSWORT /PIN:

NOTIZEN / SICHERHEITSFRAGE / HINWEIS:

TITEL:

INTERNETSEITE:

LOGIN / BENUTZER:

PASSWORT /PIN:

NOTIZEN / SICHERHEITSFRAGE / HINWEIS:

TITEL:

INTERNETSEITE:

LOGIN / BENUTZER:

PASSWORT /PIN:

NOTIZEN / SICHERHEITSFRAGE / HINWEIS:

TITEL:

INTERNETSEITE:

LOGIN / BENUTZER:

PASSWORT /PIN:

NOTIZEN / SICHERHEITSFRAGE / HINWEIS:

TITEL:

INTERNETSEITE:

LOGIN / BENUTZER:

PASSWORT /PIN:

NOTIZEN / SICHERHEITSFRAGE / HINWEIS:

TITEL:
INTERNETSEITE:
LOGIN / BENUTZER:
PASSWORT /PIN:
NOTIZEN / SICHERHEITSFRAGE / HINWEIS:

TITEL:
INTERNETSEITE:
LOGIN / BENUTZER:
PASSWORT /PIN:
NOTIZEN / SICHERHEITSFRAGE / HINWEIS:

TITEL:
INTERNETSEITE:
LOGIN / BENUTZER:
PASSWORT /PIN:
NOTIZEN / SICHERHEITSFRAGE / HINWEIS:

TITEL:
INTERNETSEITE:
LOGIN / BENUTZER:
PASSWORT /PIN:
NOTIZEN / SICHERHEITSFRAGE / HINWEIS:

TITEL:
INTERNETSEITE:
LOGIN / BENUTZER:
PASSWORT /PIN:
NOTIZEN / SICHERHEITSFRAGE / HINWEIS:

TITEL:
INTERNETSEITE:
LOGIN / BENUTZER:
PASSWORT /PIN:
NOTIZEN / SICHERHEITSFRAGE / HINWEIS:

TITEL:	
INTERNETSEITE:	
LOGIN / BENUTZER:	
PASSWORT /PIN:	
NOTIZEN / SICHERHEITSFRAGE / HINWEIS:	

TITEL:	
INTERNETSEITE:	
LOGIN / BENUTZER:	
PASSWORT /PIN:	
NOTIZEN / SICHERHEITSFRAGE / HINWEIS:	

TITEL:	
INTERNETSEITE:	
LOGIN / BENUTZER:	
PASSWORT /PIN:	
NOTIZEN / SICHERHEITSFRAGE / HINWEIS:	

TITEL:
INTERNETSEITE:
LOGIN / BENUTZER:
PASSWORT /PIN:
NOTIZEN / SICHERHEITSFRAGE / HINWEIS:

TITEL:
INTERNETSEITE:
LOGIN / BENUTZER:
PASSWORT /PIN:
NOTIZEN / SICHERHEITSFRAGE / HINWEIS:

TITEL:
INTERNETSEITE:
LOGIN / BENUTZER:
PASSWORT /PIN:
NOTIZEN / SICHERHEITSFRAGE / HINWEIS:

Titel:

Internetseite:

Login / Benutzer:

Passwort /PIN:

Notizen / Sicherheitsfrage / Hinweis:

Titel:

Internetseite:

Login / Benutzer:

Passwort /PIN:

Notizen / Sicherheitsfrage / Hinweis:

Titel:

Internetseite:

Login / Benutzer:

Passwort /PIN:

Notizen / Sicherheitsfrage / Hinweis:

TITEL:

INTERNETSEITE:

LOGIN / BENUTZER:

PASSWORT /PIN:

NOTIZEN / SICHERHEITSFRAGE / HINWEIS:

TITEL:

INTERNETSEITE:

LOGIN / BENUTZER:

PASSWORT /PIN:

NOTIZEN / SICHERHEITSFRAGE / HINWEIS:

TITEL:

INTERNETSEITE:

LOGIN / BENUTZER:

PASSWORT /PIN:

NOTIZEN / SICHERHEITSFRAGE / HINWEIS:

TITEL:

INTERNETSEITE:

LOGIN / BENUTZER:

PASSWORT /PIN:

NOTIZEN / SICHERHEITSFRAGE / HINWEIS:

TITEL:

INTERNETSEITE:

LOGIN / BENUTZER:

PASSWORT /PIN:

NOTIZEN / SICHERHEITSFRAGE / HINWEIS:

TITEL:

INTERNETSEITE:

LOGIN / BENUTZER:

PASSWORT /PIN:

NOTIZEN / SICHERHEITSFRAGE / HINWEIS:

TITEL:

INTERNETSEITE:

LOGIN / BENUTZER:

PASSWORT /PIN:

NOTIZEN / SICHERHEITSFRAGE / HINWEIS:

TITEL:

INTERNETSEITE:

LOGIN / BENUTZER:

PASSWORT /PIN:

NOTIZEN / SICHERHEITSFRAGE / HINWEIS:

TITEL:

INTERNETSEITE:

LOGIN / BENUTZER:

PASSWORT /PIN:

NOTIZEN / SICHERHEITSFRAGE / HINWEIS:

TITEL:

INTERNETSEITE:

LOGIN / BENUTZER:

PASSWORT /PIN:

NOTIZEN / SICHERHEITSFRAGE / HINWEIS:

TITEL:

INTERNETSEITE:

LOGIN / BENUTZER:

PASSWORT /PIN:

NOTIZEN / SICHERHEITSFRAGE / HINWEIS:

TITEL:

INTERNETSEITE:

LOGIN / BENUTZER:

PASSWORT /PIN:

NOTIZEN / SICHERHEITSFRAGE / HINWEIS:

TITEL:
INTERNETSEITE:
LOGIN / BENUTZER:
PASSWORT /PIN:
NOTIZEN / SICHERHEITSFRAGE / HINWEIS:

TITEL:
INTERNETSEITE:
LOGIN / BENUTZER:
PASSWORT /PIN:
NOTIZEN / SICHERHEITSFRAGE / HINWEIS:

TITEL:
INTERNETSEITE:
LOGIN / BENUTZER:
PASSWORT /PIN:
NOTIZEN / SICHERHEITSFRAGE / HINWEIS:

TITEL: EMAIL (PRIVAT):
EMAIL SRRVER TYP:
SERVER (INCOMING):
SERVER (OUTGOING):
LOGIN / BENUTZER:
PASSWORT /PIN:

TITEL: EMAIL (BERUF):
EMAIL SRRVER TYP:
SERVER (INCOMING):
SERVER (OUTGOING):
LOGIN / BENUTZER:
PASSWORT /PIN:

TITEL: INTERNET SERVICE PROVIDER (ISP) SUPPORT
NAME ISP:
INTERNETADRESSE ISP:
KUNDENNUMMER:
HOTLINE KUNDENSERVICE:
EMAIL KUNDENSERVICE:
INTERNETADRESSE KUNDENSERVICE:

TITEL: EMAIL (PRIVAT):
EMAIL SRRVER TYP:
SERVER (INCOMING):
SERVER (OUTGOING):
LOGIN / BENUTZER:
PASSWORT /PIN:

TITEL: EMAIL (BERUF):
EMAIL SRRVER TYP:
SERVER (INCOMING):
SERVER (OUTGOING):
LOGIN / BENUTZER:
PASSWORT /PIN:

TITEL: INTERNET SERVICE PROVIDER (ISP) SUPPORT
NAME ISP:
INTERNETADRESSE ISP:
KUNDENNUMMER:
HOTLINE KUNDENSERVICE:
EMAIL KUNDENSERVICE:
INTERNETADRESSE KUNDENSERVICE:

TITEL: BREITBAND MODEM	TITEL: EINSTELLUNGEN WLAN
MODELL:	HOST NAME:
SERIEN NR.:	DOMAIN NAME:
MAC ADRESSE:	SUBNET MASK:
URL/IP ADMIN:	GATEWAY:
IP WAN:	DNS (PRIMARY):
LOGIN/BENUTZER:	DNS (SECONDARY):
PASSWORT:	

TITEL: ROUTER / WIRELESS ACCESS POINT

MODELL:

SERIEN NUMMER:

FABRIKEINSTELLUNG ADMIN IP:

FABRIKEINSTELLUNG BENUTZERNAME:

FABRIKEINSTELLUNG PASSWORT:

BENUTZERDEFINIERTE ADMIN URL /IP:

BENUTZERDEFINIERTER BENUTZERNAME:

BENUTZERDEFINIERTES PASSWORT:

TITEL: WIRELESS-LAN

SSID / NAME WLAN NETZWERK:

SICHERHEITSTYP:

VERSCHLÜSSELUNGSTYP:

SHARED KEY (WPA):

HINWEIS (PASSPHRASE WEP):

Titel: Breitband Modem	Titel: Einstellungen WLAN
Modell:	Host name:
Serien nr.:	Domain name:
Mac Adresse:	Subnet Mask:
URL/IP Admin:	Gateway:
IP WAN:	DNS (Primary):
Login/Benutzer:	DNS (Secondary):
Passwort:	

Titel: Router / Wireless Access Point
Modell:
Serien nummer:
Fabrikeinstellung Admin IP:
Fabrikeinstellung benutzername:
Fabrikeinstellung Passwort:
benutzerdefinierte Admin URL /IP:
Benutzerdefinierter benutzername:
Benutzerdefiniertes Passwort:

Titel: Wireless-LAN
SSID / Name WLAN netzwerk:
Sicherheitstyp:
Verschlüsselungstyp:
Shared key (WPA):
Hinweis (Passphrase WEP):

NOTIZEN:

NOTIZEN:

NOTIZEN:

NOTIZEN: